七国之乱

○ 主编 金开诚

○ 编著 孙闻铎

吉林出版集团有限责任公司

吉林文史出版社

图书在版编目（CIP）数据

七国之乱／孙闻铎编著. —长春：
吉林出版集团有限责任公司，2011.4（2023.4重印）
ISBN 978-7-5463-5029-5

Ⅰ.①七… Ⅱ.①孙… Ⅲ.①吴楚七国之乱－通俗读
物 Ⅳ.①K234.109

中国版本图书馆CIP数据核字(2011)第053449号

七国之乱

QIGUOZHILUAN

主编／金开诚 编著／孙闻铎

项目负责／崔博华 责任编辑／崔博华 许多娇

责任校对／许多娇 装帧设计／柳甬泽 王丽洁

出版发行／吉林出版集团有限责任公司 吉林文史出版社

地址／长春市福祉大路5788号 邮编／130000

印刷／天津市天玺印务有限公司

版次／2011年4月第1版 印次／2023年4月第5次印刷

开本／660mm×915mm 1/16

印张／9 字数／30千

书号／ISBN 978-7-5463-5029-5

定价／34.80元

前 言

　　文化是一种社会现象，是人类物质文明和精神文明有机融合的产物；同时又是一种历史现象，是社会的历史沉积。当今世界，随着经济全球化进程的加快，人们也越来越重视本民族的文化。我们只有加强对本民族文化的继承和创新，才能更好地弘扬民族精神，增强民族凝聚力。历史经验告诉我们，任何一个民族要想屹立于世界民族之林，必须具有自尊、自信、自强的民族意识。文化是维系一个民族生存和发展的强大动力。一个民族的存在依赖文化，文化的解体就是一个民族的消亡。

　　随着我国综合国力的日益强大，广大民众对重塑民族自尊心和自豪感的愿望日益迫切。作为民族大家庭中的一员，将源远流长、博大精深的中国文化继承并传播给广大群众，特别是青年一代，是我们出版人义不容辞的责任。

　　本套丛书是由吉林文史出版社和吉林出版集团有限责任公司组织国内知名专家学者编写的一套旨在传播中华五千年优秀传统文化，提高全民文化修养的大型知识读本。该书在深入挖掘和整理中华优秀传统文化成果的同时，结合社会发展，注入了时代精神。书中优美生动的文字、简明通俗的语言、图文并茂的形式，把中国文化中的物态文化、制度文化、行为文化、精神文化等知识要点全面展示给读者。点点滴滴的文化知识仿佛颗颗繁星，组成了灿烂辉煌的中国文化的天穹。

　　希望本书能为弘扬中华五千年优秀传统文化、增强各民族团结、构建社会主义和谐社会尽一份绵薄之力，也坚信我们的中华民族一定能够早日实现伟大复兴！

目录

汉高祖刘邦

公元前二五六年至前一九五年

一、七国之乱的根源

汉朝是中国历史上最伟大的一个朝代，而汉朝的历史也是当时世界上一段伟大的历史，随着汉高祖刘邦的建国至汉文帝、汉景帝的改革，汉朝的经济实力直线上升，成为当时东方第一帝国，与西罗马并称为两大帝国。中亚和西域各大国也都闻而惧之。而到了汉武帝时期，汉帝国已经成为世界上最强大的帝国，匈奴帝国战败而向北逃遁。张骞出使西域首次开辟了著名的"丝绸之路"，

开通了东西方贸易的通道，中国从此成为世界贸易的中心，正是因为汉朝的声威远播，外族开始称呼中国人为"汉人"，而汉朝人也乐于这样称呼自己，"汉"从此成为了伟大的中国华夏民族永远的名字。

但是汉朝的历史也不是一帆风顺的，在这样漫长的历史时空中，它经历了西汉、东汉。经历了王莽改制，经历了绿林赤眉起义。而汉景帝时代的七国之乱，可以说是整个汉朝统治集团经历的最混乱的时代，而且它对整个汉朝的格局也产生了深远的影响。但七国之乱的产生也不是偶然的，它受汉朝初期的经济影响，可以说是汉高祖刘邦分封制度的缺憾，是吕后专政、文景帝改革的产物。而七国之乱的过程又是极其复杂的，同时在这个时期发生了许多沧桑分合的巨大历史变化，留下了无数令人扼腕叹息的故事。

（一）汉初的经济状况

天下分封诸侯，一代一代相传，对中央集权有很大的影响。当年西周分封诸侯，结果导致周王朝王室衰落，诸侯割据，混乱不已。

到了汉朝，王国势力逐渐强大，而这一局面是汉高祖刘邦时形成的。楚汉相争阶段，刘邦迫于形势，分封了异姓王。汉高祖五年(前 202 年)刘邦称帝后，共封有异姓王七人。他认为秦祚短促是由于秦不分封子弟的缘故，所以在异姓王的故土分封自己的兄弟子侄九人为王，即同姓九王。并与群臣共立了"非刘姓不王"的誓约。

高祖刘邦平定天下以后，逐渐铲除异姓诸侯王。同时他"惩戒亡秦孤立之败"，又大封同姓子弟为王，用以屏藩朝

汉高祖刘邦

廷。到公元前195年，刘姓诸王完全取代了原来异姓王的地位。高祖刘邦分封子弟造成郡国并立的政策是个时代的错误。从巩固刘家天下来看，虽然暂时收到效益，却种下了战乱的祸根。高祖死后，诸侯王国便一天天发展强大起来，成为中央政府的威胁。因而从刘邦之后的惠帝、吕后，历文、景之世，到武帝初年，都是中央集权与地方割据斗争的时代。

七国之乱虽然发生在汉高祖刘邦死

平林散牧图

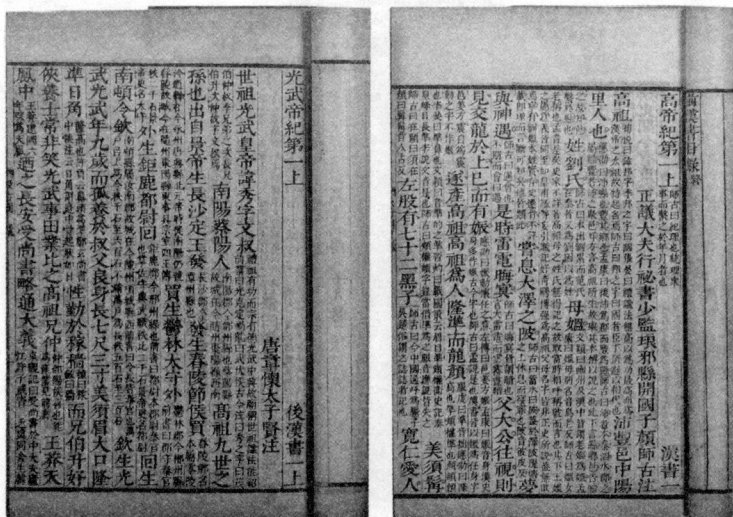

后多年，但是，七国刘姓王的叛乱却是和汉初的政治经济政策分不开的，那么汉初时期，汉高祖刘邦都推行了哪些政策呢？

秦朝末年，由于长期战乱，人口下降。西汉初期人口总数据估算在 1500 万—1800 万之间，此后由于奉行黄老之术、与民休息，以及汉武帝时期的领土扩张，人口数量大幅提升。根据《汉书》记载，公元 2 年西汉的户数约为 1235 万，人口

数约为 5767 万。

　　由于中国历史早期农业发展集中在黄河流域，故西汉人口密度分布极不均匀。以淮河、秦岭为界，北方人口约占总人口的八成，南方人口不足两成。人口数超过 500 万的豫、冀、兖、青、徐五州均位于黄河中下游地带，这五州的人口总数占全国人口的 55%。首都长安周围人口密度达每平方公里 1000 人左右。人口数量在 200 万以下的有交、凉、并、

朔方四州。扬、荆、益三州的主要人口
分布在成都平原、南阳盆地、太湖平原
和宁绍平原。

汉初的经济主要是依靠农民的耕作
来完成的。那时候,科学技术水平低下,
而秦朝的统治又使得人口迅速减少,所以
汉初的时候,汉高祖采取了一系列措施,
恢复农业发展,并下诏巩固农业在国家
经济中的地位。

汉朝的土地所有制与秦朝相同,承
认土地私有,可自由买卖。土地所有者

须向国家交耕地税，耕地税率为亩产的十五分之一或三十分之一。人口税分为算赋和口赋。算赋是丁税，十五至五十六岁的男女每年每人纳一百二十钱（一算）。口赋是儿童税，七至十四岁的儿童每年每人纳二十钱。西汉早期奉行重农抑商政策，虽然恢复了农业生产，但经济势力仍然略显不足。文景时期，在晁错的建议下，改行"贵粟"政策，国家存粮进一步增多，经济实力大大加强。西汉早期奉行重农抑商政策，商人地位低下。文帝时期，在贵粟政策指引下，商人竞

买爵位，扩大了贸易领域，促进了国家经济的飞速发展，同时商人的地位也有了一定幅度的提高。

西汉时期，全国已有数十个商业中心，如长安、洛阳、邯郸、江陵、吴、寿春、番禺、成都等。随着张骞出使西域后，丝绸之路成为当时世界上最重要的商路。到东汉时期，中原地区商道线路发达，各地货物往来更加频繁。伴随着商业的发展，一些经商哲学应运而生。

（二）刘邦的分封政策

汉初，汉高祖刘邦分封同姓为王，旨在以血缘关系作为政治支柱。高祖在世，由于刘氏诸王年轻，权力多由王国之相、太傅执掌，因而其弊病尚未显露。汉高祖错误地认为同姓王可以帮助他辅佐刘家天下，所以他就开始分封同姓王。吕后篡权后，刘姓王虽然减少了，但是吕

氏家族被消灭，此后刘氏皇帝又开始大
肆分封刘姓王了。到了汉文帝的时候，刘
姓王已经有20多个，所占领的土地合起
来占西汉土地的大半，领土最多的诸侯
国有齐、楚、吴、荆、燕等地。刘邦以
为同姓王都是子侄兄弟，非常可靠。但
是他没有想到，这些人随着权力的增长，
野心也逐渐增大了。随着社会经济的恢
复和发展，诸王的权力日益膨胀，"跨周
兼郡，连城数十，宫室百官，同治京师"。

诸王掌握着封国内征收赋税、任免官吏、铸造钱币等政治、经济大权。形成了"尾大不掉"之势。这些诸侯王日益骄横,"出入拟于天子","不听天子诏",甚至想举兵夺取皇位。

值得一提的是,当时的汉朝还时时受到匈奴的威胁,这种威胁从汉高祖刘邦时就已经开始了。公元前206年,汉朝初立,被刘邦徙至代地的韩王信同匈

奴在马邑作战时失败投降，冒顿单于引
兵进攻太原，包围了晋阳。气势正盛又
大有流氓习气的汉高祖刘邦亲自带兵进
击匈奴。此时正赶上大寒雨雪，冒顿单
于假装兵败撤退，引诱汉兵追击。汉军
一路势如破竹，只见匈奴都是老弱残兵，
于是聚集三十二万大军乘胜冒进，刘邦
自己亲率先头部队抵达平城，立马未稳，
冒顿单于忽然率领埋伏等待的三十多万
精锐骑兵把刘邦军队包围。堂堂大汉皇

帝被围于白登七天七夜，缺水少粮，军士冻得瑟瑟发抖。四下望去，匈奴人马强悍，东西南北的战马都各分一色，铠甲鲜明，雄壮整齐。刘邦确实是个能使各种伎俩的奇才，情急之下，他走"枕边风"路线，派人给冒顿单于的夫人送去厚礼，单于夫人对冒顿单于说："两主不相困。今得汉地，单于终非能居之。且汉主有神，单于察之。"美人说话很管用，加上降将韩王信的兵马迟迟未到，冒顿单于就听从了夫人劝告，在包围圈中敞开一个通道，刘邦令军士引弓外向，解围而出，狼狈不堪地与后军相会。随后，双方罢兵，刘邦派宗室刘敬与匈奴结和亲之约，并嫁宗室女为单于侧室，约为兄弟以和亲。刘邦死后，倨傲地冒顿单于还给吕后写信，表示"你我都单身，不如配成一对大家同享欢乐"。吕后大怒，她有勇无谋的妹夫樊哙也扬言要"愿得十万众，横行匈奴间"，刘邦死前他在外打仗，被人

告发要谋反，刘邦派人杀他，幸亏他是吕后妹夫，大臣们留了他一命。最终大臣季布解劝："高祖军队三十二万被围白登十日，当时樊哙任上将军就在附近不能解围，现在夸口领兵十万击匈奴简直就是欺君。夷狄（冒顿单于）就如禽兽，得其善言不足喜，恶言不足怒。"吕后闻言息怒，卑辞报书，晓之以理，双方又互换礼物和亲。

汉文帝之时，继续采用和亲政策。

匈奴右贤王常率兵侵略边塞，俘虏汉边境人民，气得文帝亲自带兵到太原征讨，恰巧国内济北王造反，不得已收兵。当时冒顿单于刚刚大破月氏国，对属下右贤王掠夺汉境之事假装不知道，又遣使来请求和亲，汉朝慑于其势强，不得不答应，依常例送大批珍宝礼物过去。不久冒顿单于病死，其子稽粥继位，号老上单于。汉文帝又送宗室女去匈奴，让太监燕地人中行说作为陪同侍臣一起去。

中行说不肯去，被汉廷强行派遣。怨恨之下，他到了匈奴就归降，并深受老上单于欢喜。中行说竭力劝说匈奴不要太看重汉朝衣服食物的精美，增加匈奴对自己食物、器械、风俗的自信心，还教给匈奴人计数方法，从此这些蛮族才知道算数。在中行的鼓动下，老上单于在给汉帝回书中口气傲慢，对汉朝使臣也威逼利诱，动不动就索要钱物金银，不给就威胁秋熟后大发兵马入汉境虏掠。孝文

帝十四年，匈奴举兵十四万入侵，杀死
汉朝北地都尉，俘抢大量人畜。汉军赶
到当地反击，人影都没有看见，结果无
获而还。老上单于死后，其子军臣单于
继位，也是时而和亲时而入侵，杀掠汉
人很多。汉景帝继位后，情形还是如此，
七国之乱时，匈奴还想与反叛诸侯王里
应外合攻击汉朝。汉景帝平定七国之乱
后，仍然延续和亲政策，继续与匈奴和亲，
通关市，厚赐单于。所以终景帝之世，汉
匈边境没有发生太大的战乱。

汉高祖刘邦于高祖十二年（前195年）

二、吕后专权

四月病逝。五月，刘盈即位，是为汉惠帝。吕后被尊为太后。

吕后是一个权力欲极强的女人，汉高祖十二年时，她使用奸计将汉朝开国元勋韩信杀死于长乐宫钟室，还灭其三族。她看见儿子刘盈即位，觉得有机可乘，渐露专权野心。刘邦生前是个好色的皇帝，当时他有八个儿子：长子刘肥是惠帝的异母兄，被封为齐王，其余都是惠帝的弟弟，戚夫人的儿子刘如意被封为赵

王，薄夫人的儿子刘恒被封为代王，其他妃嫔的儿子，刘恢被封为梁王，刘友被封为淮阳王，刘长被封为淮南王，刘建被封为燕王。在决定皇位继承人的时候，虽然吕后是太后，是刘邦的原配夫人，按道理说，太子非刘盈莫属，不过刘邦不太喜爱刘盈，说刘盈懦弱。刘邦特别喜欢宠妃戚夫人生的儿子如意，就有把刘盈废了立如意的意思，按史记记

载是"如意类我"。不过立太子也不是
小事，吕后暗中联络一群人，反对刘邦
立如意为太子，刘邦一时也决定不下来。
吕后没辙就找到自己的娘家哥吕台、吕
产、吕泽他们商量怎么办。吕台、吕产、
吕泽说："留候张良，汉王对他是言听计
从，可以找他想想办法。"吕后让吕泽找
到张良。那时张良功成名就后，怕受到
刘邦的猜忌，整天在家以修行为名行避
祸之实，不问世事。吕泽求张良的时候，

张良自然知道参与立太子的政治斗争的复杂性：如果支持了刘盈，以后若如意当了太子他没有好下场，如果支持如意，刘盈当了孝帝，估计吕后也饶不了他，就想要滑头"这是你们家事，我不好说什么"。吕泽逼着张良表态，张良没有办法就说："我知道有四个贤人，高祖请他们来当官，他们都不干，你如果能请到这四个人来做太子的老师，估计这事就成了。"吕后

是聪明人，一听就明白，马上以太后的名义，让人去请，最后还真把这四个人请来了。一天刘邦看到这四个人在刘盈处高谈阔论，很吃惊。四位贤人说："太子仁德，天下人都想归附他。"当时这么说他，就是想让刘邦不要废他。到最后戚夫人又在枕头边和刘邦吹风立如意为太子时，刘邦说了："羽翼已成，急难去矣。"这才稳住了刘盈的太子地位。

吕后为了排除以后专权的障碍，设计毒死赵王如意，还将刘邦的爱姬——

戚夫人的手脚砍断，耳朵熏聋，眼睛挖掉，喉咙弄哑，让她住在厕所里，称之为"人彘"，还故意叫惠帝去看，以扬其威。惠帝看了"人彘"后，害怕其母的残酷，于是日夜沉湎于酒色之中，不理政事。

惠帝七年（前188年），刘盈在未央宫去世。由于当时惠帝与张皇后没有孩子，于是取后宫美人之子作为惠帝之子，立为太子。惠帝死后，太子即位，史称少帝。吕后借口少帝年幼，无力执政，便亲自临朝称制，代行皇帝权力，扰乱汉室。

第二年，即高后元年（前187年），吕后想立吕姓为王，丞相王陵等大臣和刘姓王侯表示强烈反对。吕后勃然大怒，于是剥夺了丞相王陵的大权，以亲信审食其为左丞相，控制汉朝政权。之后，又开始迫害、消灭刘姓诸王。清除刘姓势力后，吕后违背刘邦与群臣立下的"不是刘姓而称王，天下共击之"的盟约，

大肆分封吕姓为王。吕后又立自己女儿鲁元公主生的女儿(也就是外孙女)为自己儿子惠帝之后。对惠帝来说,他娶的是自己胞姐的女儿,也就是外甥女。吕后意欲由吕氏一族掌握政权,因此在妇道人家的想法下,企图从"亲上加亲"的方式着手。但世间事不如意者十之八九,惠帝之后迟迟未有喜讯。鲁元公主和吕后都为此焦急万分,四处求神问卜,也让

她服用各种药物，还是没有效果。吕氏后裔的繁荣与皇统息息相关。吕后无论如何都想有由自己操纵的皇太子。于是她命令皇后："你用个东西绑在肚子上，开始伪装怀孕吧！"

刚好这时有一名与吕氏有亲戚关系、过去在宫内服务、目前回到乡下娘家待产的有孕妇人。吕太后把这名妇人藏到某处，待其产下男婴，立刻宣布了皇后弄璋之喜的讯息。为了守住这个秘密，吕

后把这名婴孩的母亲杀害了。虽然这样，吕后还是觉得不安。只有一个皇嗣，万一发生不测，怎能使她放心。皇嗣应该多多益善。惠帝过的是纵欲生活，却未曾听到后宫佳丽有人怀孕之事。吕太后于是将吕氏族亲中，凡有男婴诞生就一律伴称为因受惠帝宠爱而生，并且接到宫廷内养育。除了皇太子以外，因这种方式而被视为皇子的，共有五人。这五人全被封为王侯，即：淮阳王刘强、常山王刘不疑、襄城侯刘山、轵侯刘朝、壶关侯刘武。虽然这几个人都称刘姓，实际上他们没有一个是惠帝真正的儿子。吕氏一门的这几个人，是皇太子有不测时的候补人员，换句话说，就是备用的傀儡。

刘邦有八个儿子。正室吕后生的惠帝是老二。在这之前，一名侧室先生下了长子，这名长子名叫刘肥，被立为齐王。惠帝即位第二年，齐王肥入朝。

虽然齐王是兄长，但由于弟弟是天

子，所以非执臣下之礼不可，而心地淳朴的惠帝却依家族礼数，让兄长齐王就上座，设宴款待。吕太后见状后勃然大怒。这位老太婆震怒的后果是何等可怕，这一点可以由不久前的"人彘"事件证明。她把掺有鸩毒的酒放到齐王面前，说了一句："请喝吧！"齐王不经意地伸手要端起这只酒杯，但另外一只手比他先伸到这只酒杯来，这个人就是坐在齐王旁

边的惠帝。惠帝由于看过人彘，知道母后是什么事情都做得出来的人。因此，当看到吕太后把酒杯放到齐王面前劝饮时，立刻察觉到母后的意思。于是他立即伸手抓杯，为的是要救兄长一命。齐王对惠帝的举动颇为费解。向来静如处子的惠帝会伸手抢夺别人的酒杯，真是匪夷所思。这一瞬间，吕后的一只手伸向惠帝，强拉他的衣袖。酒杯因而从惠帝手中掉落，酒浆倒在地板上。"噢! 原

来是……"齐王这才恍然大悟，脸色霍
然变青，他险些遇害！齐王因惠帝的搭
救而幸免于难，但吕太后绝不会就此罢
休。齐王佯装酒醉,总算躲过了这个宴会。
但回到下榻处，想到今后的事情就一筹
莫展，只是叹息而已。"依臣之见……"
此时，一名智臣对齐王献策说："太后对
她的女儿鲁元公主格外疼爱，公主的相
公张敖只是拥有数城的宣平侯而已，而
大王则领有七十余座城池。为求活命,

于今之计，唯有割地一法可以考虑。大
王不如将领地中的一郡献给太后，请她
转赐鲁元公主作为礼物，以此取悦太后。
大王意下如何？"齐王于是献上城阳郡。
吕太后果然大悦，择日莅临齐王府邸，
举行盛宴，齐王也因而得以平安归国。

　　惠帝不但性格软弱，身体也非常羸
弱。这样的人经常沉湎于酒色，健康情
形恶化是不言而喻的事，他在位七年就
去世了。吕后为他行哭礼，眼眶里却没有
一滴眼泪。实际上，太后并不是不悲伤，
骨肉至亲的儿子死了不悲伤，天下绝没

有这种事情的。太后的情形是来不及悲
伤，因为她的恐惧心理比悲伤还要强许
多。天子崩殂而新帝年幼——在这个情
形下，大臣采取专横态度压抑太后，不
是不可能发生的事情。想到这一点，太
后还有时间悲伤吗？丞相陈平任命吕台、
吕产、吕禄这班吕氏族中的台面上人物
为将军，让他们握有兵权，此外再起用
其余吕氏家族人物担任政务，如此一来，

太后因无后顾之忧，这才露出悲伤神色来。人心里有所恐惧时，不会有喜怒哀乐的情绪反应。而在恐惧感驱使之下的人，会狗急跳墙地做出什么事，往往令人想象不到——尤其是生性残忍至极的吕太后，光凭想象就足以令人毛骨悚然。

成为将军的吕台是吕后长兄的儿子，吕产则为其弟。吕禄是吕后次兄的儿子。也就是说，这些人都是吕后的侄儿。军队归自己族人统率，这一点使吕后大为

安心。吕氏族人一时极为飞黄腾达。吕台后来被立为吕王。刘氏以外而获有王位的人，原来只有一个长沙王吴臣，而现在又诞生了吕氏之王。因献上城阳郡而保住一命的齐王，其子刘章娶吕禄的女儿为妻。这一点证明，虽然贵为王者之刘氏，倘若不与吕氏攀上姻亲关系，也难保地位的稳固。樊哙之妻是吕太后的妹妹吕须，她被封为临光侯。女性封侯，此例在中国为首见。

幼帝不知从哪里知道自己的母亲被吕后所杀，口无遮拦的小孩竟然把这件事情说了出来："太后杀了朕的母亲。对朕而言，太后就是母亲的仇人。朕因尚年幼，所以现在还奈何不了她，但长大以后，朕一定要报这个仇的！"听到有人报告这件事后，吕后撂下狠话道："说什么大话！我捡来当上皇帝的小鬼胆敢说这种话，简直是忘恩负义！你有本事尽

管来报仇啊！"她遂把幼帝幽禁于永巷，不准任何人接近，表面上，她宣布皇帝龙体欠安。不久后，吕太后召集群臣商议："皇帝不但病重，精神状态也不正常，连宗庙祀事都无法参加。这样的天子已经丧失天子资格，看样子非更换不可。各位大臣意下如何？"这哪里算是商讨，实质上无异于命令。群臣中当然无人敢表示反对。吕后索性把幼帝杀掉，以免引起后患。她不愁没有补缺用的傀儡皇帝。

五名候补皇帝中，常山王刘不疑已死，于是将襄城侯刘山改名为刘义，立为常山王。现在，再将常山王刘义改名为弘，奉为皇帝。实际上这样的皇帝根本是个傀儡，这一点毋庸赘述。

被封为吕王的吕台死后，继位的吕嘉由于行为骄横，因而被废，改由吕台之弟吕产为吕王。他们虽然是吕氏族人，但是不合吕太后之意者照样被剥夺王位，由此可见吕太后君临天下的野心。与刘邦共同纵横战场、经营天下的功臣，大半已于刘邦在世时被诛，剩余的人不是病故就是年迈，根本无力牵制吕太后，这也是她如此跋扈的一个原因。相国萧何于惠帝二年死，其继任者曹参在职三年后去世。这同样是惠帝在位期间的事。这两个人都是沛县出身，刘邦起义时，萧何是衙门书记，曹参则为监狱看守。当时为亭长的刘邦，算来和他们是同僚。

实际上，萧何曾帮过刘邦不少忙。

吕后分封吕姓为王，破坏了汉朝的根本体制，侵害了功臣集团的利益，也埋下了以后内讧的种子。吕后死后就爆发了诸吕叛乱的战争。

西汉初年，经济萧条，到处都是一片荒凉的景象。汉高祖及其后的汉文帝、

三、文景之治

汉景帝等，吸取秦灭的教训，减轻农民的徭役和劳役等负担，注重发展农业生产。文景时期，提倡节俭，重视"以德化民"，社会比较安定，经济得到发展。历来被视为封建社会的"盛世"，史称"文景之治"。

在文景之治中，最为重要的两个人就是文帝和景帝，也就是因为他俩的改革而使得七国之乱有了物质上的基础。

（一）文帝的改革

汉文帝刘恒（前203—前157年），汉高祖刘邦之子，母为薄姬。高帝十一年（前196年）受封为代王。公元前180年吕后死，诸吕作乱，丞相陈平、太尉周勃与朱虚侯刘章等宗室大臣共诛诸吕，迎立刘恒为帝，在位二十三年。西汉王朝建立后，汉高祖、惠帝、吕后都着力于恢复农业生产，稳定封建统治秩序，收到了显著的成效。文景两帝相继即位后，又在这基础上进一步采取了轻徭薄赋、与民休

息的措施。

（二）景帝的政策

　　汉文帝十分重视农业生产，他即位
后多次下诏劝课农桑，按户口比例设置
三老、孝悌、力田若干员，经常给予他
们赏赐，以鼓励农民发展生产。同时还
注意减轻人民负担，文帝二年（前178年）

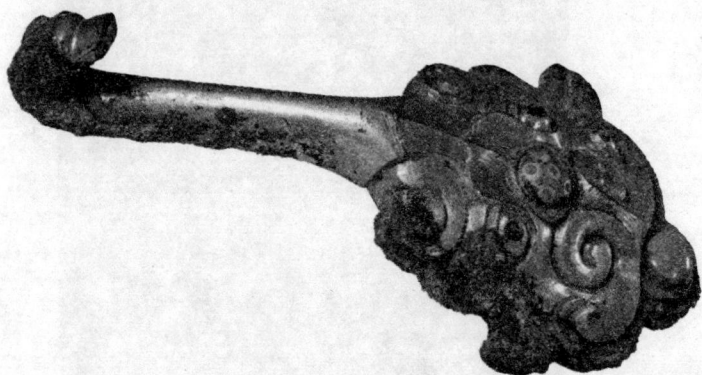

和十二年，曾两次"除田租税之半"，即租率减为三十税一，十三年还全部免去田租。此后，三十税一遂成为汉代定制。文帝时，算赋也由每人每年一百二十钱减至四十钱，徭役则减至每三年服役一次。景帝二年（前155年），又把秦时十七岁缚籍给公家徭役的制度改为二十岁始缚，而著于汉律的缚籍年龄则为二十三岁。文帝还下诏"弛山泽之禁"，即开放原来归国家所有的山林川泽，从而促进了农民的副业生产和与国计民生有重大关系的盐铁生产的发展。文帝十二年又废除了过关用传制度，这有利于商品流通和各地区间的经济联系，对农业生产的发展也有一定的促进作用。

　　汉文帝对秦代以来的刑法也作了重大改革。秦代大多数罪人，即被判处为隶臣妾以及比隶臣妾更重的罪人，都没有刑期，终生服劳役。文帝诏令朝廷重新制定法律，根据犯罪情节轻重，规定

服刑期限，罪人服刑期满，免为庶人。秦代法律规定，罪人的父母、兄弟、姊妹、妻子和子女都要连坐，重的处死，轻的没入为官奴婢，称为"收孥相坐律令"。文帝明令废止。秦代有黥、劓、刖、宫四种肉刑。汉文帝下诏废除黥、劓、刖等刑罚，改用笞刑代替，景帝又减轻了笞刑。改革的后两项在当时和以后虽没有被认真执行，但文帝时许多官吏能够

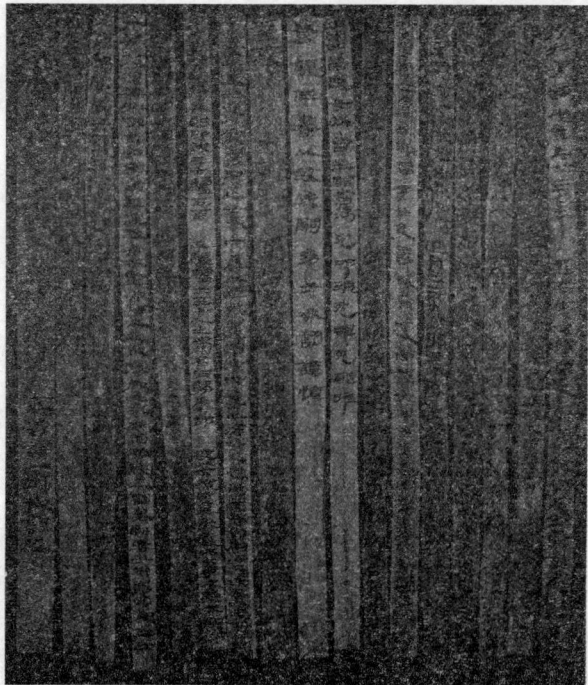

断狱从轻，持政务在宽厚，不事苛求，因此狱事简省，人民所受的压迫比秦时明显减轻了。

文景两代对周边少数民族也不轻易发兵，尽力维持相安的关系。吕后时，南越王赵佗自立为帝，役属闽越、西瓯、骆，又乘黄屋左纛，与汉王朝分庭抗礼。文帝即位后，为赵佗修茸祖坟，尊宠赵氏昆弟，并派陆贾再度出使南越，赐书赵佗，于是赵佗去黄屋左纛，归附汉王

朝。文帝后元二年（前 162 年），又与匈
奴定和亲之约，此后匈奴虽背约屡犯边
境，但文帝只是诏令边郡严加备守，并
不兴兵出击，以免烦扰百姓。

文景之治之所以成为封建社会的盛
世，与文帝个人的励精图治是分不开的。
他即位不久，就废止诽谤妖言之罪，使
臣下能大胆地提出不同的意见。秦代以
来有所谓的"秘祝"之官，即凡有灾祥就
移过于臣下。文帝十三年下诏废除并且

声明：百官的错误和罪过，皇帝要负责。次年，他又禁止祠官为他祝福。文帝自奉也相当节俭，他在位二十三年中，宫室苑囿、车骑服御之物都没有增添。他屡次下诏禁止郡国贡献奇珍异物。他所宠爱的慎夫人衣不曳地，帷帐不施文绣。文帝曾想建造一座露台，听说要花费百金，而这些花费等于中人十家之产，于是作罢。因为文帝提倡俭约，所以当时国家的财政开支有所节制和缩减，贵族官

僚也不敢滥事搜刮、奢侈无度，从而减轻了人民的负担，这是"休养生息"政策的重要内容之一。

文景两代采取了上述一系列措施，使当时社会经济获得显著的发展，封建统治秩序也日臻巩固。西汉初年，大侯封国不过万户，小的也只有五六百户；到了文景之世，流民还归田园，户口迅速繁衍。列侯封国大者至三四万户，小的

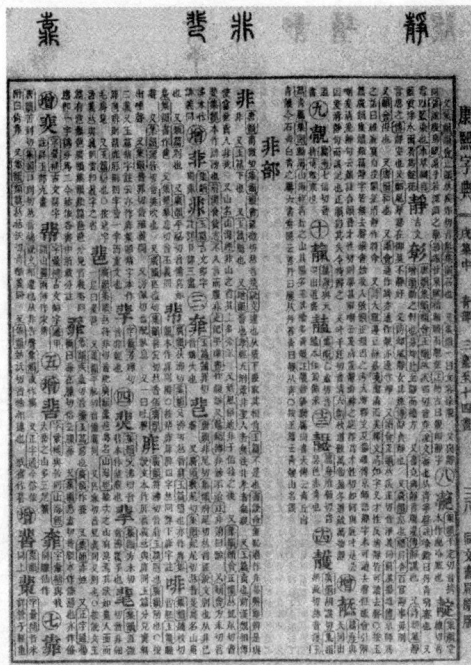

也户口倍增，而且比过去殷实得多。农业的发展使粮价大大降低，文帝初年，粟每石为十余钱至数十钱。据《汉书·食货志》记载,汉初至武帝即位的七十年间，由于国内政治安定，只要不遇水旱之灾，百姓总是家给人足，郡国的仓廪堆满了粮食。太仓里的粮食由于陈陈相因，致使腐烂不可食，政府的库房有大量余财，京师的钱财有千百万，连串钱的绳子都

朽断了。这是史书上对文景之治十分形象的描述。

但是，文景时期"与民休息"政策的目的是稳定和加强对农民的控制，进一步巩固封建统治，一些看来对农民有利的措施，实则对地主、商人更为有利。例如，文景减免田赋，地主获利最大；入粟拜爵，也有助于商人政治地位的提高。同时，文帝为求得政治上的安定，对同姓诸侯王的权势虽有所限制，但未

能采取果断措施消除其动乱隐患。景帝

三年（前 154 年）吴楚七国合谋叛乱，与

此当有一定的关系。

　　七国之乱是强大的王国势力与专制

皇权发生矛盾造成的。诸吕当权以及汉

四、叛乱的经过

文帝刘恒继统等政治事件，也在一定程度上加剧了这一矛盾。

（一）七国之乱的导火线——晁错的《削藩策》

高祖死后，当权的吕后违背誓约，立诸吕为王。吕后对受封为王的高祖诸子，控制很严，有些国王甚至被摧残致死。吕后专权以及分封诸吕为王，激起了刘

姓诸王的强烈反对，王国势力与专制皇
权的矛盾，以刘姓诸王与拥刘大臣团结
反吕的形式表现出来。吕后死后，诸吕
聚兵准备发动政变。当时齐王肥的儿子
朱虚侯刘章、东牟侯刘兴居宿卫长安。
他们暗约其兄齐王将闾领兵入关，共灭
诸吕，由将闾继承帝位。刘将闾应约起
兵，长安方面派遣大将军灌婴出击。灌
婴屯兵荥阳，与刘将闾相约连和，待机

共伐诸吕。这时，刘章在长安与太尉周勃、丞相陈平等协力消灭了诸吕势力。群臣认为代王恒外家薄氏比较可靠，估计不会出现类似诸吕弄权的严重问题。于是舍齐王将间而立代王恒为帝，即汉文帝。

　　文帝以高祖庶子继统，地位本来不很巩固。汉初所封诸侯王，到这时都经历了两三代的更迭，与文帝的血统关系逐渐疏远，政治上已不那么可靠。文帝为了加强自己的地位，采取了一些重要措

施。其一是使列侯一概就国，功臣如绛侯周勃也不例外，目的是便于文帝控制首都局势，避免掣肘。其二是封诸皇子为王，皇子武是景帝的同母弟，先封为代王，于梁王揖死后徙封梁王。梁国是拥有四十余城的大国，地理上居于牵制东方诸国、屏蔽朝廷的关键位置。其三是采用贾谊提出的"众建诸侯而少其力"

的策略，把一些举足轻重的大国析为几个小国，例如析齐国为齐、城阳、济北、济南、淄川、胶西、胶东七国，以已故的齐王肥的诸子为王。这样，齐国旧地虽仍在齐王肥诸子之手，但是每个王国的统治地域和力量都缩小了，而且难于一致行动。此外，袁盎、晁错针对淮南王长的骄横不法，都提出过削藩建议，文帝碍于形势，没有实行。

文帝时一再发生王国叛乱。原来，朱虚侯刘章和东牟侯刘兴居虽有反吕之

功，但他们曾有拥戴齐王将闾为帝的打算，所以文帝没有将大国封赏给他们，只是让他们各自分割齐国一郡，受封为城阳王和济北王。城阳王章不久死去。济北王兴居于文帝三年（前177年）乘文帝亲自出击匈奴之际，发兵叛乱，袭击荥阳，结果事败自杀，济北国除。文帝六年淮南王长谋反，被废徙蜀，死于道中。这些事件预示着王国与中央政权的矛盾正在加深，是更大的叛乱的先兆。所以

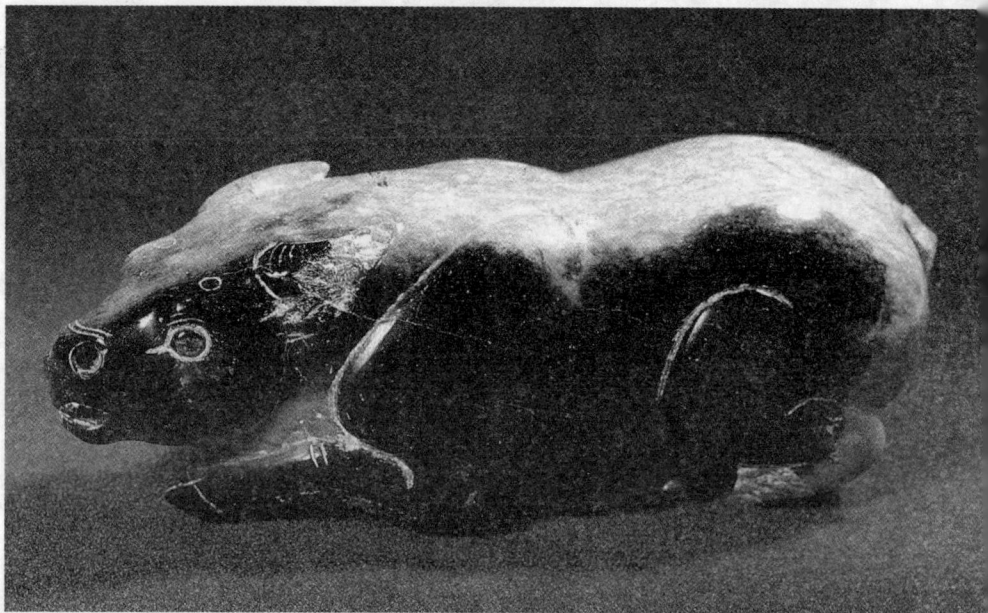

贾谊在上汉文帝的《治安策》中慨叹说：
"今或亲弟谋为东帝（指淮南王长谋反），
亲兄之子西乡（向）而击（指济北王兴居
拟袭荥阳），今吴又见告矣。"

高祖在世时，由于刘氏诸王年轻，
权力多由王国之相、太傅执掌，其弊病
尚未显露。随着社会经济的恢复和发展，
诸王的权力日益膨胀，"跨周兼郡，连城
数十，宫室百官，同治京师"。诸王掌握

着封国内征收赋税、任免官吏、铸造钱币等政治、经济大权。形成了"尾大不掉"之势。这些诸侯王日益骄横,"出入拟于天子""不听天子诏",甚至想举兵夺取皇位。文帝继位的第三年,即公元前177年,济北王兴居乘文帝去太原抗击匈奴之机,发动武装叛乱,这件事情成为了王国武装反抗中央的开端。三年之后,淮南王长又步济北王兴居后尘。这两处叛乱虽然都被消灭,但拥有53城的吴王濞又露出不臣的形迹。可见，此时统治阶级内部争权夺利的斗争是非常尖锐的。

面对中央集权和地方割据势力之间的矛盾，许多官吏都感到事态的严重性，寻求解决矛盾的方法。当时，梁王太傅贾谊给文帝上了有名的《治安策》，认为当时的形势有"可为痛哭者一"，便是诸侯王强大难治。对此他感到痛心疾首，提出了"众建诸侯而少其力"的主张。文帝按照这个建议把一些王国分小，又

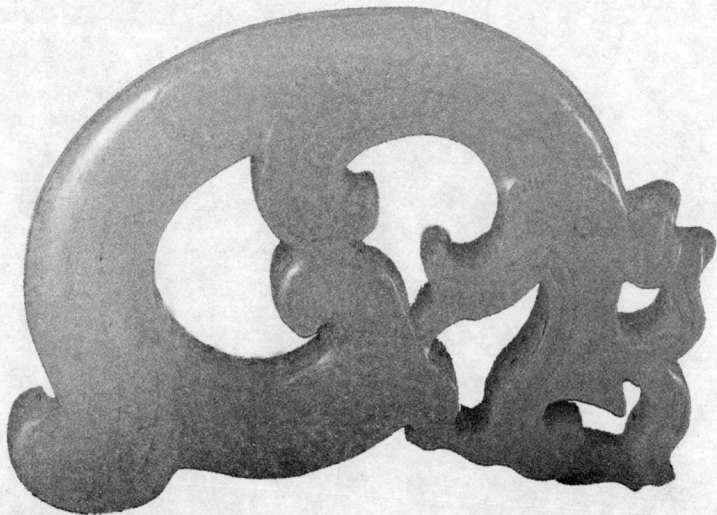

把自己的儿子封在梁国，作为屏障。景帝时，吴王刘濞叛乱的形迹更加明显。御史大夫晁错认为吴王不改过自新，"乃益骄恣，即山铸钱，煮海为盐，诱天下亡人，谋作乱。今削之亦反，不削之亦反。削之，其反亟，祸小；不削，反迟，祸大"。建议景帝削夺诸侯王的封地。景帝采取了晁错"削藩"的建议，开始削夺王国

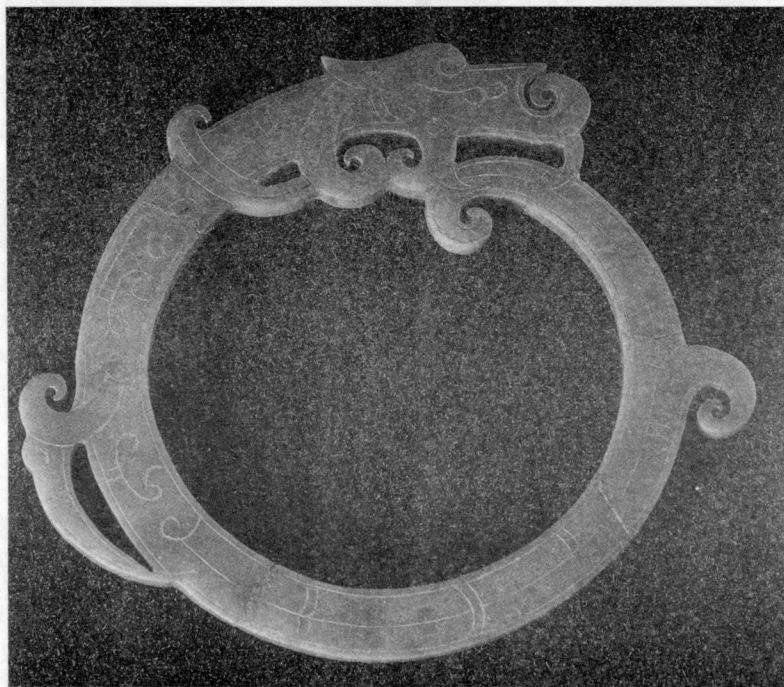

的一部分土地，划归中央直接管辖，吴楚等七国遂于景帝前元三年（前 154 年）举兵叛乱。晁错的"削藩"政策激起了各刘姓王族的反对，他们也借机举兵造反，想一举夺下文帝的政权。于是，七国之乱真正开始了。

（二）"诛晁错，清君侧"

　　在削藩问题上，汉廷内部其实并没有达成一致的策略。当晁错推出关于诸侯王的三十条法令的时候，大将军窦婴与他发生争执，因为窦婴代表的是外戚的力量；自然，诸侯王也不会说晁错的好话。晁错在朝中还得罪了不少人，比如汉文帝时的重臣袁盎、丞相申屠嘉。申屠嘉因为嫉妒景帝对晁错的宠幸，加上性格不合，一直不喜欢晁错。晁错任左内史在内史府办公的时候，因为拜见皇帝不太方便，在南边开了个门，而这个门正好开在了刘邦的父亲太上皇庙的外墙上，这在当时是大不敬之罪。申屠嘉决定第二天向景帝奏明之后办晁错的罪，告他毁坏太庙。没想到消息走漏，晁错连夜进宫向景帝说明情况。第二天申屠嘉来的时候，景帝答复说："晁错凿的只是外墙，而且是他同意的。"申屠嘉碰了一鼻子灰后很是恼火，后悔自己没有行

使丞相的权力对晁错先斩后奏。最后因为此事，申屠嘉被气得呕血而死。申屠嘉是刘邦时的开国功臣，这样一来，晁错算是把功臣元老给得罪了。

据史书记载，当景帝召集大家一起商议削藩的时候，群臣"莫敢言，独窦婴争之"。这暗示削藩令多少有些强行通过的意味。外戚的势力、功臣的势力、老臣的势力，还有诸侯国的势力，晁错都还没有处理好就急着推行削藩法令，

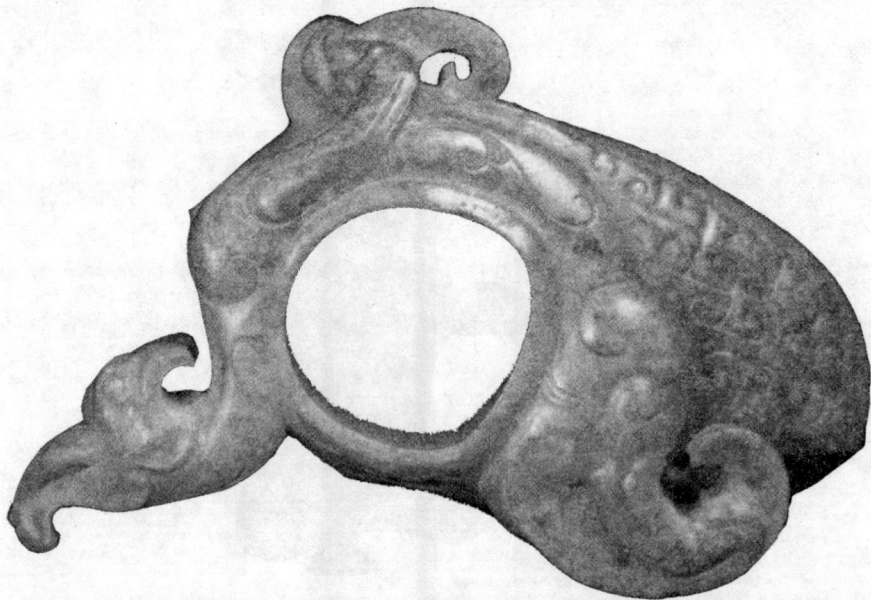

这会导致什么样的后果？晁错的父亲知道后来见他，对晁错说："皇上刚刚即位，你就建议削减诸侯王的土地，让他们骨肉分开。现在很多人对你有意见，你知道为什么吗？"晁错回答说："那是肯定的！但要不是这样，'天子不尊，宗庙不安'。"晁错的父亲说："刘氏是安宁了，但晁氏从此危险了！"最后，晁父饮毒酒而死。他在死前说："我不忍心看到灾难降临到

我的头上!"死后十多天,果然发生了"七
国之乱",吴王濞东向称帝,与汉景帝分
庭抗礼。

　　七国大兵压境,并没有让汉景帝惊
慌失措。当年,汉文帝临终前曾经对景
帝说:"即有缓急,周亚夫其可任将兵。"
汉景帝于是任命周亚夫率军出击吴楚,
任命窦婴为大将军。诸侯国也打出"诛
晁错,清君侧"的旗号,其实也没有影

响汉景帝对晁错的信任。但这时，晁错提出让汉景帝御驾亲征，亲自上阵平定"七国之乱"。这个建议显然很不合时宜，让皇帝御驾亲征，晁错自己却在后方留守，这让从小在和平环境中长大的汉景帝多少有些不满，甚至觉得晁错并不是十分忠于自己。正在这时，窦婴引袁盎进见，事情因此走向了相反的方向。

此前，晁错已经开始调查袁盎接受吴王财礼的事，并将袁盎贬为平民。"七国之乱"爆发后，晁错就对有关官吏说："袁盎其实已经知道吴国叛乱的事情，只是拿了他们的钱财隐匿不报。"故要求追究袁盎的责任。这个意见看来并不高明。御史府的有关官吏认为：如果叛乱没有发生，惩治袁盎可能会让吴王灭了反叛之心；现在叛乱已经发生，杀了袁盎又有什么用？

晁错为此犹豫不决。这时有人向袁盎通风报信，袁盎赶紧连夜去见窦婴，请窦婴帮他引见汉景帝。

这时，汉景帝和晁错正在商议给前线部队调集粮草的事。因为袁盎曾经做过吴国的相国，汉景帝先问袁盎是否了解吴国叛军的大将田禄伯。袁盎认为：吴王所任用的不过是无赖，因此对吴楚七国叛乱并不十分忧虑（这时在一旁的

晁错还赞扬袁盎的意见很对)。汉景帝宽心之后，自然而然会问："你有什么办法？"这时，袁盎要汉景帝屏退左右。汉景帝于是让左右回避，只留下了晁错。袁盎说他所说的话，人臣不得知道。汉景帝于是让晁错先回避，晁错愤愤离开，去了东厢房。袁盎认为：吴王、楚王叛乱的目的，不过是想要回当年高祖分封的土地；现在只要杀掉晁错，退还七国的土地，并派人去七国赦免他们的罪行，七国便会罢兵。汉景帝沉默良久，说了一句："也只能这样了，我不能为了爱一个人而得罪全天下人。"袁盎一看计谋得逞，摆出一副高姿态："我能想到的计策就是这个，请皇上自己决断吧。"汉景帝就让袁盎秘密准备出使七国。

后庭谋划停当的十多天后，丞相、中尉和廷尉联名上折弹劾晁错，认为他离间了皇上和君臣的关系，大逆不道，

应当处斩，而且晁错的父母妻子等同族人也应当同罪。汉景帝在奏折上批示"可"。在晁错不知情的情况下，汉景帝派车去接晁错，故意经过繁华地带，晁错还穿着上朝的衣服，在东市被斩。历史无情地证明了先行服毒死去的晁错父亲的预言。

袁盎后来虽然出使了七国，但吴王刘濞根本不听他的，还称东帝，与汉景

帝势不两立。袁盎在吴国被扣留，要不是旧人相救，差点连命都丢了，最后狼狈逃回汉朝领地。

汉景帝后来还专门咨询了从前线回来的校尉邓公："在听到晁错处死之后，吴楚有没有停战？"邓公回答说："吴国想造反，其实已经准备了几十年，诛晁错只不过是一个借口而已。晁错担心诸侯强大朝廷难以驾驭，于是想到削藩巩固中央政府，这是造福汉朝子孙后代、

功在千秋的事情，没想到计划刚刚开始，他就被害。这样一来，既堵住了朝廷里忠臣进谏的心思，还给诸侯报了仇，实在不高明。"汉景帝听完，喟然长叹说："你说得很对。我自己也十分悔恨！"一个刚直耿介的大臣，一个优柔寡断的君王，终于酿成了晁错的悲剧。

（三）野心勃勃的"东帝"刘濞

　　吴王刘濞是这次叛乱的主谋和首领。他倚仗吴国制铜、铸钱、煮盐等优越的条件，早已蓄谋夺取王位。

　　景帝接受晁错所上《削藩策》，下诏削赵王遂常山郡，胶西王昂六县，楚王戊东海郡；景帝三年，又削吴王濞会稽等郡。削藩之举激起了诸王的强烈反对。吴王濞首先与齐王肥诸子中最强大的胶西王昂联络，约定反汉事宜，并以"诛晁

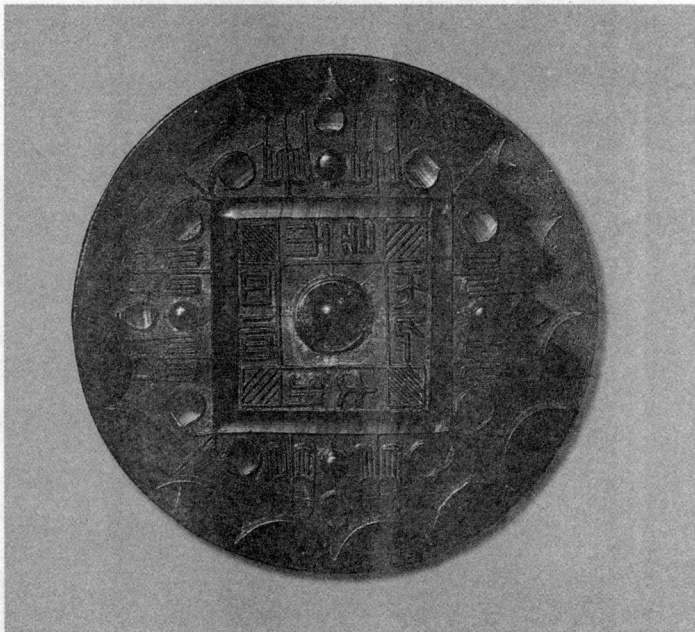

错，清君侧"为号召，共同起兵。吴王刘濞把封地内 14 岁到 62 岁的男子二十余万人编成军队，亲自率领，从广陵（今江苏扬州）起兵北上。他自恃兵强马壮，军粮充足，宣称："敝国虽狭，地方三千里；人民虽少，精兵可具五十万……吴国虽贫，寡人节衣食用，积金钱，修兵革，聚粮食，夜以继日，三十余年矣。凡皆为此。"说明他发动叛乱，蓄谋已久。吴

楚七国之乱爆发后，景帝派太尉周亚夫等率大军反击，同时又杀掉晁错，命袁盎为太常去吴国劝刘濞退兵。但刘濞不仅不退兵，反而扬言道："我已为东帝。"于是景帝决心讨伐叛乱。

　吴王濞起兵广陵（今江苏扬州）时，有部众二十余万，还兼领楚国兵。他置粮仓于淮南的东阳，并派遣间谍和游军深入肴渑地区活动。吴楚军渡过淮水，向西进攻，是叛乱的主力。胶西等国叛军共攻齐王将闾据守的临淄，赵国则约匈奴联兵犯汉。景帝派太尉周亚夫率三十六员将军攻击吴楚，派郦寄击赵，栾布击齐地诸叛国，并以大将军窦婴驻屯荥阳，监齐、赵兵。

刘濞（前215—前154年），沛县人，汉高祖刘邦的侄子，刘仲的长子，刘邦封其为吴王。传说刘邦封吴王的时候还有一段有趣的故事。

汉朝建立后，刘邦把那个很会种地的二哥封为了代国的国王。而他的二哥擅长种地，当王就不行了，匈奴一进攻，他就落荒而逃。于是，他被废除掉国王的封号，去当了侯爵。

谁知道，四年后，这个刘老二的儿子刘濞，因为平定淮南王英布叛乱有功，被皇帝封为吴王。封王的时候，刘邦酒喝得很多，在他清醒后，看见自己这个二十岁的侄子面带反相，很是狂傲不逊，他对这个封王的决定感觉到后悔。但是，天子无戏言，一言出既出，不能反悔。于是，在封王的仪式后，刘邦找到这个侄子，对他说：

"濞儿啊，昨天叔父我夜游天宫，天帝对我说，五十年后，汉朝东南的吴国会造反，不知道天帝会不会是跟叔父开玩笑呢？东南正是你吴国的封地啊，你可不能谋反啊！"

刘濞一听，吓得汗如雨下，当即跪

倒在地，叩头如捣蒜：

"万岁，臣绝对万死也不敢反汉。如有违背，天打五雷轰。"刘濞吓得说话都没有了前言后语，刘邦听后也稍稍放宽了心，毕竟能让刘邦信任的也只有他的这些刘姓亲戚了。

当年刘邦还乡，唱《大风歌》有"安得猛士兮守四方"之叹。事实上，不是缺少猛士，而是缺少值得刘邦信赖的猛士。长江下游即吴，或称东楚，为"四方"

之一，原来的荆王刘贾被杀，派谁人镇守，刘邦颇费心思。天下猛士如云，但异姓猛士不可信，可信的是皇子，但诸皇子年幼，"上患吴，会稽轻悍"，顾虑那里的地方势力不好对付，亲生的儿子不可涉险，于是便选中了"年二十，有气力"的侄儿刘濞。"用人不疑，疑人不用"乃用人之道，问题是刘邦在无奈之下任用了刘濞，却又怀疑刘濞。

刘濞虽然是二十多岁的年轻国王，

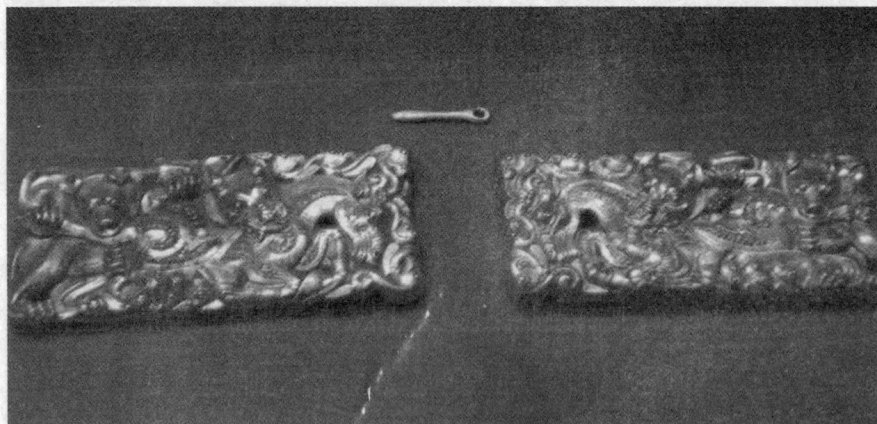

但他很善于利用国家的资源优势。在汉
朝刚刚建立还很贫困的时候，吴国就
率先经营国营企业，在用海水煮盐、铜
矿冶炼铜钱方面，吴国领先于其他封
国。后来，在会稽山又发现了大型的铁
矿。于是，吴国的财政之富裕，无与伦
比。接着，这个王国就免除了全体百姓的
赋税，赋税没有了，民间积累的财富就
更加可观了。刘濞治吴四十余年，应当
说，他是日后长江三角洲走向繁荣的奠

基者之一。吴国的疆域是"王三郡五十三城"，三郡，即指汉初的东阳郡、吴郡与鄣郡。《汉书·地理志》所列七十五郡无此三郡名称，出现会稽郡、豫章郡、丹阳郡，系因西汉不同历史阶段有不同的行政区域的缘故。西汉时代广陵城处于三郡中心地带，被定为吴国之都，是王府所在。刘濞治吴的功绩一方面是为朝廷守边，安定地方，相安无事，另一方面则是发展经济。刘濞等人使当时地广人稀的长江三角洲逐渐人烟稠密。《史记》中说当时的吴国"国用富饶",即财源充沛;"能使其众",即获得百姓拥戴。刘濞之功,史有共识。至于广陵,逐渐成为繁荣富庶的大城,而且这里交通便利,四方商贾云集,这些也应归功于刘濞。所有这些都说明刘濞是治理地方、改善民生之能手。

吴国人从古至今都以骄纵闻名。这个吴国的太子自然就是吴国最骄纵的人

之一了。而文帝居然想起用这个骄纵的吴国太子进京陪皇太子读书。虽然都是太子，但王太子只是臣子，而皇太子却是君主。那骄纵成性的吴国王太子怎么可以忍受这样的奴仆生活呢？

刘濞的儿子在首都陪皇太子下棋，由于在下棋的过程中两人产生了争执，皇太子一怒之下拿起棋盘把刘濞的儿子硬是给砸死了。按理说，作为文帝，处理此事时应当慎重一些。毕竟砸死的不

是一般的人，应该厚礼安葬才是。可是文帝竟然要求把刘濞的儿子送到吴国安葬。当遗体送到吴国的时候，刘濞很是气愤。一气之下，刘濞又把其子的遗体送到长安去了，要求在那里安葬。之后，吴王刘濞由于怨恨便称病不再去长安拜见皇帝了。当然，这种事情发展下去势必会导致刘濞与中央产生一些隔阂。

回顾吴王刘濞的一生，从二十岁时

随刘邦打败英布到由于功劳被立为吴王，从勤恳治国到得到吴国百姓拥护爱戴，从儿子被杀到对朝廷产生怨恨，从起兵反叛到最后被朝廷杀害，他的人生曲线向人们展示了一个英明的封国之君是如何一步一步走向反叛的深渊的。尽管刘濞最终的下场是反叛失败，但是他的治国方略与对待百姓的态度则值得人们称颂。

（三）太尉周亚夫

周亚夫（？—前143年），沛县（今江苏沛县）人，西汉著名军事家。

周亚夫为汉初大将周勃次子，袭父爵为绛侯。起初做河内郡守时，许负曾给他看相，说他"三年后为侯，封侯八年为丞相，掌握国家大权，位尊任重，在众臣中将首屈一指，再过九年会饿死"。周亚夫笑着说："我的哥哥已代父为侯，如若他去世，他的儿子理应承袭爵位，

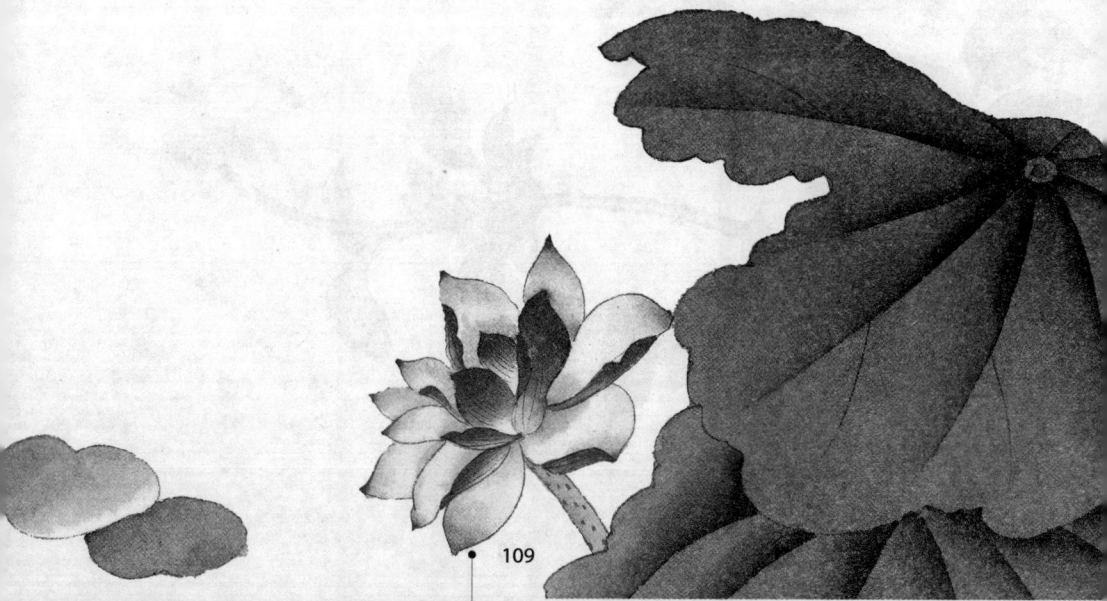

我周亚夫怎能封侯呢？再说若我已显贵到如你所说的那样，怎么会饿死呢？你来解释解释！"许负指着他的嘴说："你嘴边有条竖线，纹理入口，这就是饿死之相。"过了三年，周亚夫的哥哥绛侯周胜之犯了罪，文帝选周勃子孙中有贤德的人为侯，大家都推举周亚夫，于是封周亚夫为条侯，继承绛侯爵位。

汉文帝六年（前174年），匈奴大举入侵边关，文帝命宗正刘礼为将军，屯

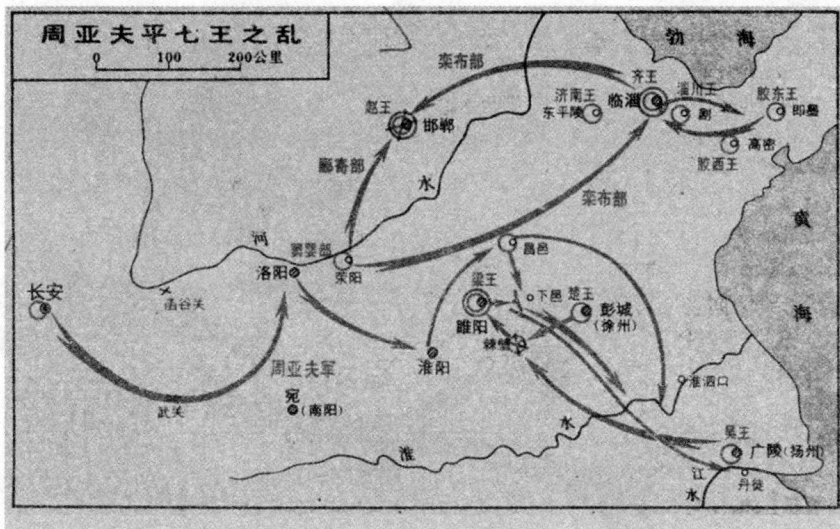

军霸上；祝兹侯徐厉为将军，驻军棘门；河内郡守周亚夫为将军，驻守细柳（今陕西咸阳西南）。三军警备，以防匈奴入侵。

文帝亲自去慰劳军队，到了霸上和棘门，军营都可直接驱车而入，将军和他下面的官兵骑马迎进送出。接着去细柳军营，营中将士各个披坚持锐，刀出鞘，弓上弦，拉满弓，呈战备状态。文帝的先导驱车至军营门前，不得入。先导说：

"天子就要到了!"守卫军门的都尉说:"将军有令：军中只听将军命令，不听天子的诏令。"等了不一会儿，文帝到了，又不得入营。于是文帝派使者手持符节诏告将军："我要入军营慰劳军队。"周亚夫才传令打开营门。营门的守卫士兵对皇帝随从人员交代说："将军规定：军营中不准车马奔驰。"于是文帝的车便控着缰绳，慢慢地走。到了营中，将军周亚夫手持兵器向文帝拱手说："身着铠甲的将士不行拜跪礼，请允许我以军礼参见。"
天子深受感动，靠在车前横木上向军队
敬礼。劳军仪式结束后，出了营门，群
臣都非常惊讶。文帝称赞道："这才是真
正的将军呢! 以前经过霸上和棘门的军
队，好像小孩子做游戏。那里的将军遭
袭击就可成为俘虏。至于周亚夫，敌人
能有时机冒犯他吗?"文帝对周亚夫赞美
了很久。一个多月以后，三支部队撤兵，
文帝便任命周亚夫做中尉，负责京城治

安。

周亚夫的军纪给文帝留下了深刻的印象，文帝临死时嘱咐太子刘启（后来的景帝）说："国家若有急难，周亚夫可以担当带兵的重任。"文帝逝世后，景常即位，任用周亚夫做车骑将军。

景帝三年（前154年），吴楚等七国叛乱。周亚夫以中尉代行太尉的职务，领兵向东进击吴、楚等国。周亚夫对景帝说："吴楚勇猛，行动迅捷，我们很难同他们在面对面的作战中取胜。我想让

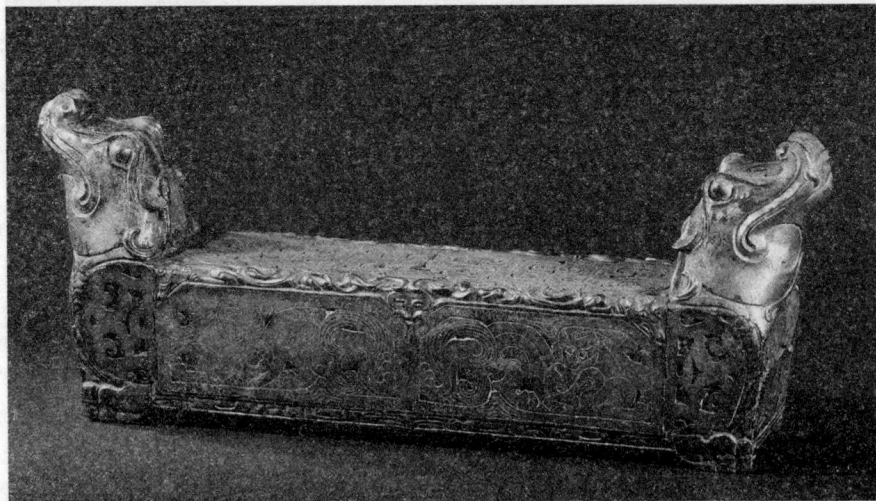

梁国拖住吴兵，再率兵断绝他们的粮道，这样就可以制服吴楚了。"景帝同意了这个战略建议。

太尉周亚夫调集军队在荥阳会合，这时吴国军队攻打梁国，梁国告急，请求援助。周亚夫却领兵向东北急行至昌邑，挖深沟建高垒进行防御。梁国每日都派使者请求援助，周亚夫却坚守营垒不去救助。梁国向景帝上书，景帝派使

臣命令太尉救援梁国。周亚夫却不执行，坚辞不出，而派弓高侯韩颓当等人率领轻骑兵断绝吴、楚后方的粮道。吴兵缺粮，饥饿难当，多次挑战，周亚夫始终不出击。夜晚，周亚夫军中突然惊乱，互相攻扰，甚至闹到了太尉周亚夫的营帐前，周亚夫始终高卧不起，过了一会儿，就恢复安定了。后来吴军扬言要奔袭周亚夫军营的东南，而周亚夫却派人戒备西北。不久吴兵果然以其精锐攻打周亚夫营西北，但没有攻下。吴兵忍饥挨饿，战斗力极弱，便引军撤退。周亚夫于是派精兵追击，大破吴军。吴王刘濞丢掉他的大部队和几千名精兵逃跑了，躲在江南的丹徒县（今江苏镇江东南）。汉兵乘胜追击，俘虏了他们，吴军全部投降。汉廷悬赏黄金千两捉拿吴王。一个多月以后，东越人斩下了吴王的头前来报功

请赏。这次平定吴、楚之乱，历时三个月，可谓神速。这时将帅们才领略到了太尉周亚夫的谋略得当。这次平乱，梁孝王刘武因周亚夫不救梁，与他产生了矛盾。

周亚夫率军得胜归来，被正式任命为太尉。五年之后，升任丞相，深得汉景帝的器重。

景帝七年（前150年），景帝要废掉栗太子刘荣，丞相周亚夫坚决反对，但却没有达到劝阻的目的。景帝因此事疏

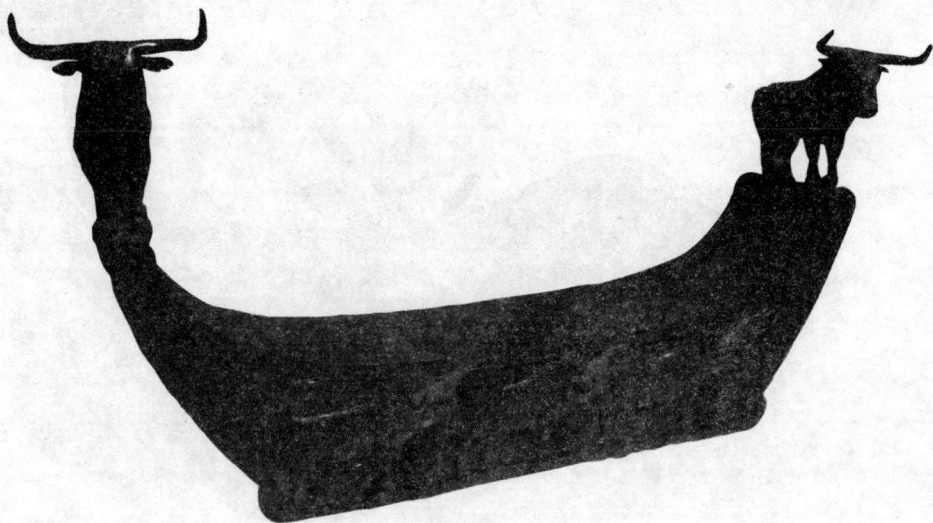

远了周亚夫。而梁孝王每次上朝，常和太后说周亚夫的不是。周亚夫在朝中处在了孤立的地位。一次，窦太后对景帝说："皇后（景帝之妻王夫人）的哥哥王信可以封侯。"景帝表示："太后的侄儿南皮侯窦彭祖，太后的弟弟章武侯窦广国，先帝（指文帝）都没封他们做侯，到我即位才封他们做侯，看来王信还不能封呢。"窦太后说："人主各以时行法，不

必墨守祖法。我兄窦长君在世之时，不得封侯，死后他的儿子窦彭祖反而得到了封爵，我对这事非常悔恨。你赶快封王信爵位吧！"景帝表示要与丞相商议。

周亚夫得知此事后说："高祖规定：不是刘姓不能封王，没有立功的人不能封侯。不遵守这条规定的，天下人都可以共同攻击他。王信虽为皇后之兄，却没有战功，现在封他为侯，是背信弃义的事。"景帝沉默不语，放弃了为王信封侯。

后来匈奴王唯徐卢等五人降汉，景帝想要赐封他们，以鼓励匈奴人来降汉。周亚夫说："他们背叛了他们的君王而来投降汉王，汉王却封他们以侯爵，那么今后用什么责备不忠实的臣子呢？"景帝说："丞相议不可用。"于是封唯徐卢等人为侯。这一切引起了景帝的不悦，周

亚夫因而称病谢罪。景帝三年以病免除丞相职务。

不久景帝在宫中召见周亚夫，赏赐食物予他。可周亚夫的席上只有一大块肉，没有切成碎肉，而且没有放筷子。周亚夫很不高兴，转头叫管酒席的官员取筷子。景帝于是笑着讥讽周亚夫说："这难道还不够让您满意吗？"周亚夫觉出这顿饭不对头，于是免冠告罪请退，便快步走出去了。景帝目送着他离去,说:"瞧

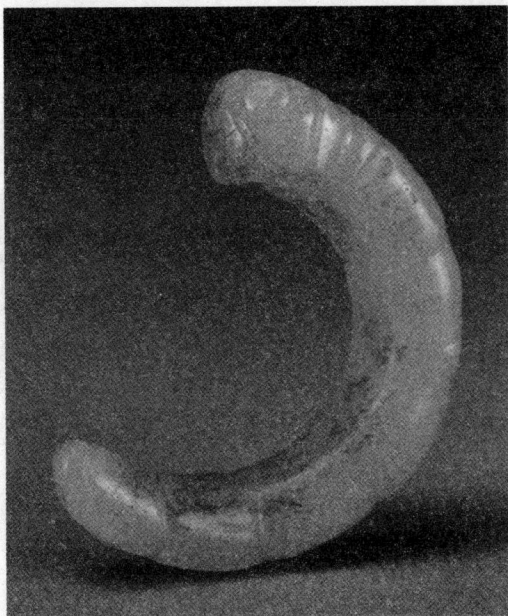

这个愤愤不平的人,将来能侍奉少主吗?"

周亚夫的儿子给父亲买了五百件皇家殉葬用的铠甲、盾牌, 因没有给搬运的人付钱, 因而遭到了怨恨。于是有人上书告发周亚夫的儿子, 这事牵连到周亚夫。有关部门把罪行书之于册, 一条条审问,周亚夫拒不答话。景帝听了骂道:"我不任用他了。"下诏令把条侯交给廷尉治罪。廷尉责问周亚夫为何造反, 周

亚夫说：“我所买的兵器都是殉葬品，怎么可以说造反呢？”审问的官吏说：“即使你不在地上造反，也要到地下造反！”当初官吏逮捕条侯时，周亚夫本想自杀，后因夫人劝阻，因而没死，进了廷尉的监狱后，绝食五天，吐血而死，他的封国被撤除。

周亚夫死后，景帝便封王信做了盖侯。

（四）叛乱的经过

景帝三年（前 154 年），吴王刘濞起兵广陵，有部众二十余万，还兼领楚国兵。他置粮仓于淮南的东阳，并派遣间谍和游军深入肴渑地区活动。吴楚军渡过淮水，向西进攻，是叛乱的主力。胶西等国叛军共同攻打齐王将闾据守的临淄，赵国则约匈奴联兵犯汉。景帝派太

尉周亚夫率三十六员将军去攻打吴楚等国，派郦寄击赵，栾布击齐地诸叛国，并以大将军窦婴驻屯荥阳，监视齐、赵兵。曾经做过吴国丞相的袁盎，建议景帝杀晁错，恢复王国故土，以换取七国罢兵。景帝在仓促的情况下接受了这一建议，处死了晁错。暂居优势的吴王刘濞认为自己已经取得了"东帝"的地位，拒不受诏，战事继续进行。

在吴楚军西向攻取洛阳的道路中，景帝的弟弟刘武的封国梁国正好横亘其间。吴楚军破梁军于梁国南面的棘壁(今河南永城西北)。当时周亚夫率汉军屯于梁国以北的昌邑(今山东巨野东南)，他不救梁国之急，而以轻兵南下，夺取泗水入淮之口(在今江苏洪泽境)，截断吴楚军的粮道，使其陷入困境。吴军多是步兵，利于险阻；汉军多是车骑，利于平地。战事在淮北平地进行，吴军居于

不利地位。梁国又坚守睢阳（今河南商丘南），吴军无法越过。吴军北至下邑（今安徽砀山境）周亚夫军营求战，结果吴军一败涂地，士卒多饿死逃散。周亚夫派精兵追击，吴王刘濞率败卒数千遁走，退保长江以南的丹徒（今江苏镇江）。汉军遣人策动吴军中的东越人反吴。东越人杀吴王刘濞后，楚王戊也兵败自杀。吴楚叛乱起于正月，三月即告结束。

在齐地，胶西等王国兵围临淄，三

月不下。汉将栾布率军进逼,胶西、胶东、淄川、济南诸王或自杀,或伏诛。齐王将闾为汉守城有功,但是他曾想夺取帝位,后来还参与过七国之乱的策划,特别是在被围困时又与胶西王等通谋,因此不能见容于汉,被迫自杀。在赵地,赵王遂撤兵坚守邯郸,郦寄攻之不下。匈奴人知道吴楚兵败,也不肯入汉边助赵。栾布平定齐地诸国后,还军于郦寄共同引水淹邯郸城,邯郸城破,赵王遂自杀。

七国之乱的平定,巩固了削藩政策的成果,在很大程度上解决了汉高祖分

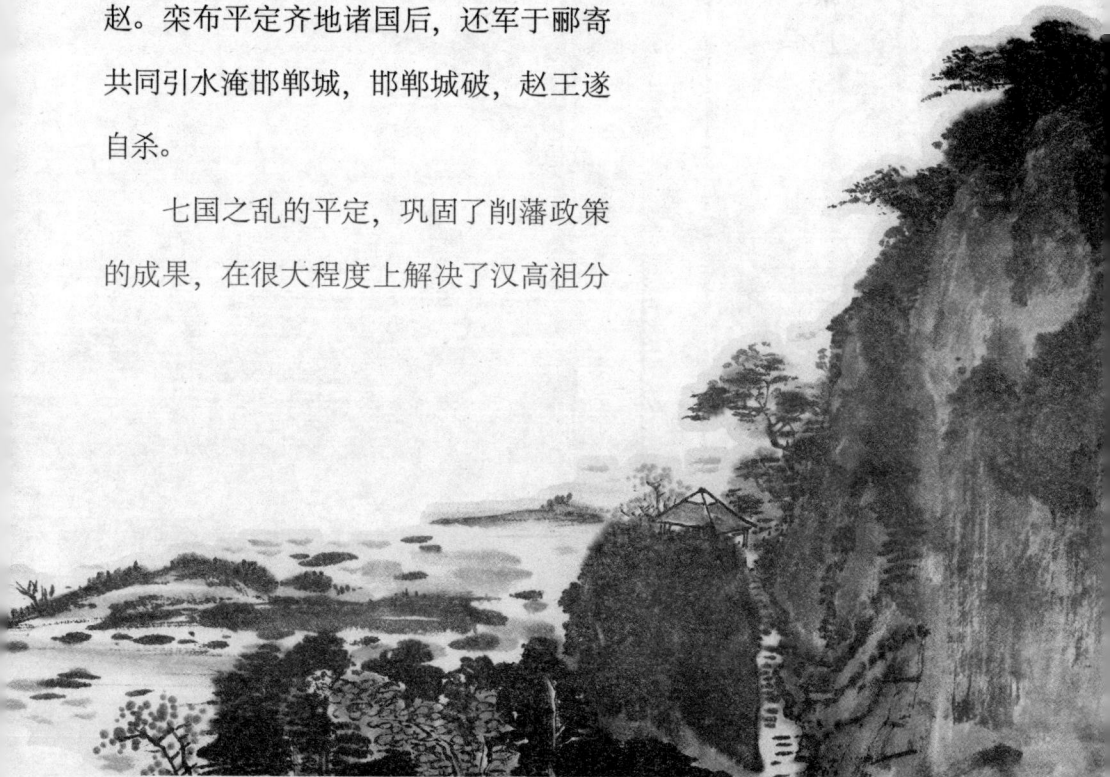

五、叛乱意义

封子弟为大国所引起的矛盾，并为汉武帝以"推恩策"进一步解决王国问题，创造了必要的条件。七国之乱以朝廷军队胜利、叛军覆灭、七国宗王丧生而告终。叛乱平定后，景帝在文帝基础上进一步削弱了王国势力：首先，继续实行贾谊所提出的"众建诸侯而少其力"的方针，在吴、楚、赵、齐四国旧地，又陆续封皇子十三人为诸侯王；其次，抑贬诸侯王的地位，剥夺其任官之权。具体办法

是：第一，"诸侯王不得复治国"，即不准诸侯王干预自己封国的政务，诸侯王仅能享受到封国的"衣食租税"。第二，削减封国官员，"省御史大夫、廷尉、少府、宗正、博士官、大夫、谒者、郎诸官长丞皆损其员"。又改丞相为相。第三，剥夺诸侯王治吏权，改由"天子为置吏"。诸侯王培植党羽、亲信的途径因之被堵死。七国之乱平定后景帝所采取的一系列削弱诸侯王势力的政策，使诸侯王失去专断擅权的条件，使其一举一动皆在皇帝所派官吏的监视之下。从此，诸侯王与朝廷分庭抗礼及叛乱的可能性大大减少了。西汉建国以来逐渐膨胀并威胁统一政权统治的诸侯王，经过七国之乱后基本得到解决。七国之乱的平定，诸侯王势力的削弱，不仅加强了中央集权，

而且为武帝时期进一步削弱诸侯王势力，为西汉走向鼎盛奠定了基础。